AF487821